DOCKS-ENTREPOTS DE LA VILLETTE

Paris. — Typographie HENNUYER, rue du Boulevard des Batignolles, 7.

DOCKS-ENTREPOTS DE LA VILLETTE

DÉTAILS PRATIQUES

SUR LES

DIVERSES CONSTRUCTIONS

DE CET ÉTABLISSEMENT

PAR

M. ÉMILE VUIGNER

INGÉNIEUR CIVIL, OFFICIER DE LA LÉGION D'HONNEUR.

—

ATLAS

PARIS

DUNOD, ÉDITEUR,

SUCCESSEUR DE V^{er} DALMONT,

Précédemment Carilian-Gœury et Victor Dalmont,

LIBRAIRE DES CORPS IMPÉRIAUX DES PONTS ET CHAUSSÉES ET DES MINES,

Quai des Augustins, 49.

—

1861

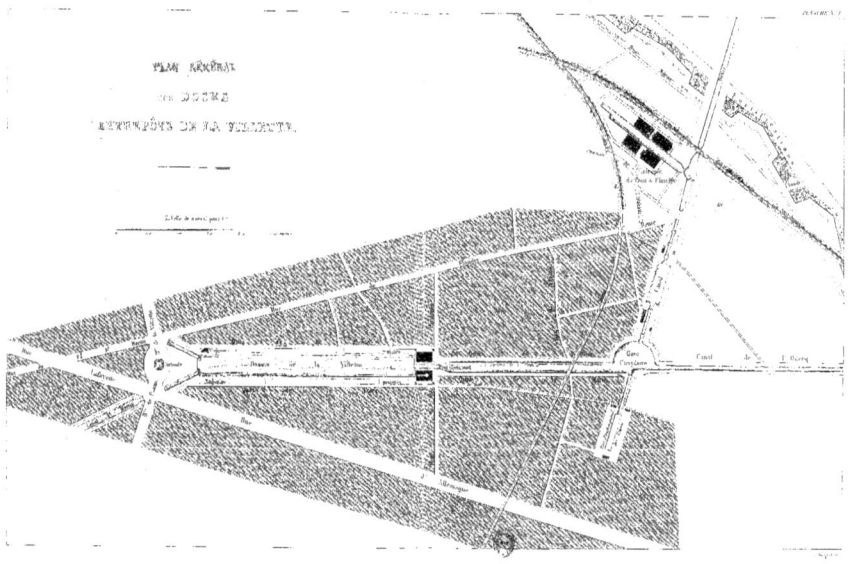

DOCKS ENTREPÔTS DE LA VILETTE. BASSIN N°

PLAN DES MAGASINS ET PONT-TOURNANT

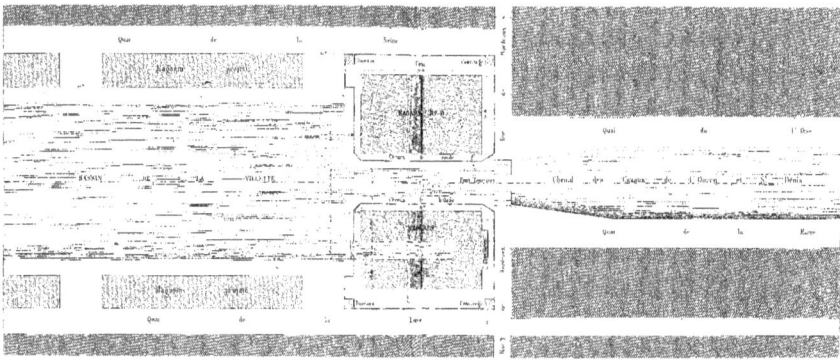

MAISON N° II.

PLAN DES FONDATIONS ET DU REZ-DE-CHAUSSÉE.

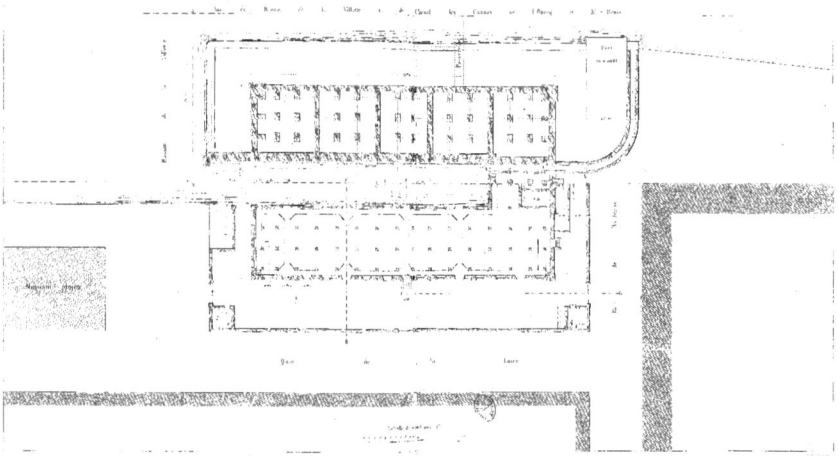

MAGASIN N° 2.

Élévation et Coupe transversales suivant MNCD

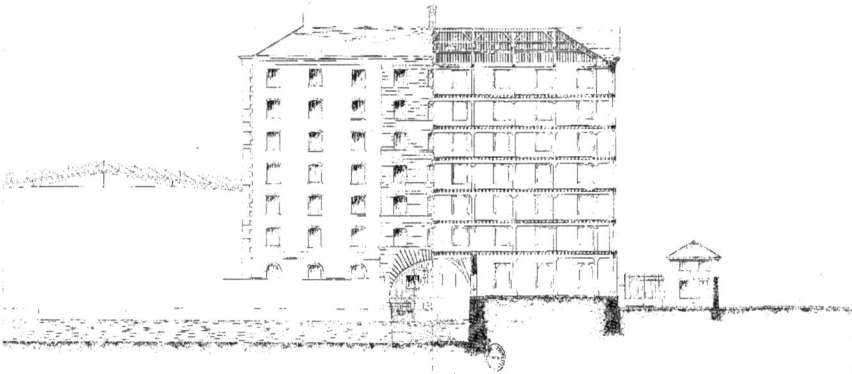

Échelle

PONT SUR LE ...

DÉTAILS DES POUTRES ARMÉES DE LA TRAVÉE CENTRALE

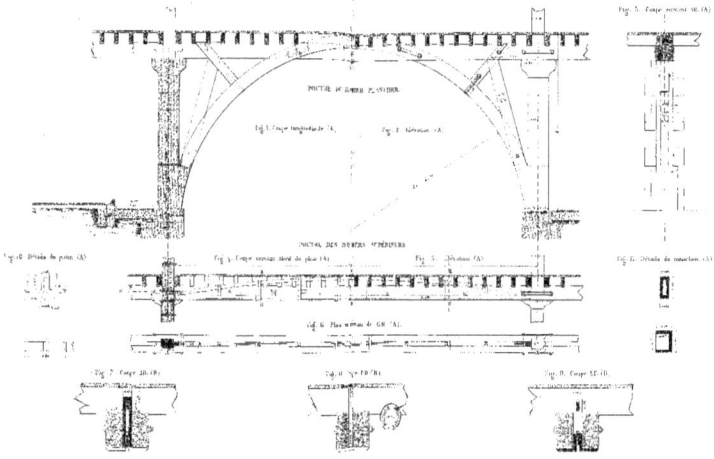

POUTRE DU TABLIER PLANCHER

Fig. 1. Coupe longitudinale (A).

Fig. 2. Élévation (A).

Fig. 5. Coupe verticale AB (A).

POUTRE DES BORDS SUPÉRIEURS

Fig. 10. Détails de poutre (A).

Fig. 3. Coupe verticale idéale du plan (A).

Fig. 5. Élévation (A).

Fig. 6. Détails de connexion (A).

Fig. 6. Plan au niveau de GH (A).

Fig. 7. Coupe IG (B).

Fig. 8. Coupe FD (B).

Fig. 9. Coupe KL (B).

Échelle A. pris pour ...

Échelle B. pris pour ...

MAGASIN N° 4 et 5.

ASSEMBLAGES DES POTEAUX MONTANTS, POUTRES, SOLIVES MOISÉES — DÉTAILS DES CHAPEAUX EN FONTE.

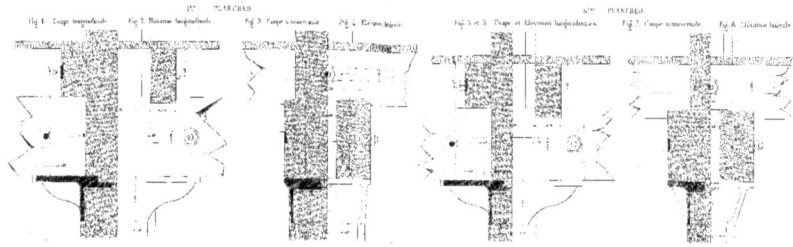

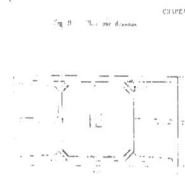

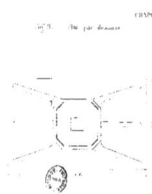

1er PLANCHER.

Fig. 1. Coupe longitudinale. — Fig. 2. Élévation longitudinale. — Fig. 3. Coupe transversale. — Fig. 4. Élévation latérale.

2me PLANCHER.

Fig. 5 et 6. Coupe et élévation longitudinale. — Fig. 7. Coupe transversale. — Fig. 8. Élévation latérale.

CHAPEAU DU 1er PLANCHER.

Fig. 9. Plan par dessous. — Fig. 10. Plan par dessus.

CHAPEAU DU 2me PLANCHER.

Fig. 11. Plan par dessous. — Fig. 12. Plan par dessus.

MAISON N° 1 et 2.

DÉTAILS DE CONSTRUCTION.

Fig. 5. Élévation d'une baie de croisée. (A).

Fig. 6. Coupe CD. (A).

Fig. 2. Coupe A du AB. (A).

Pénétrateur des cinq 1er étages.

Fig. 1. Élévation intérieure. (A).

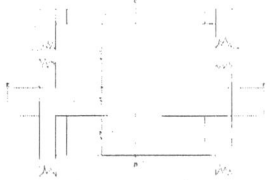

Fig. 7. Plan au niveau de EF. (A).

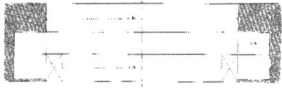   

Fig. 4. Trusses et tracés des salles formant galerie. (A).

Fig. 8. Trusses et tracés des poutres. (A).

Fig. Ensemble des fenêtres et poutraison. (B).

Fig. 3. Plan. (A).

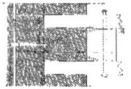   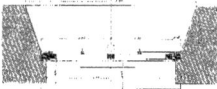

Échelle A. ... pour 1 mètre.

Échelle B. ... pour 1 mètre.

ABATTOIR N° 2.

MONTE - VENTE CHARPENTE.

Fig. 1. Coupe longitudinale.

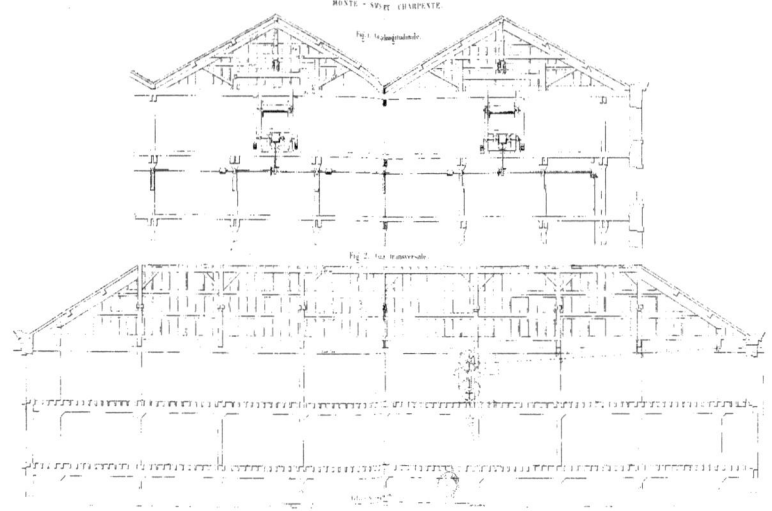

Fig. 2. Vue transversale.

Fig. 3. Coupe longitudinale sur AB. (B).

MAGASIN N° III.

Plan (A).

Fig. 2. Coupe transversale sur CD. (B).

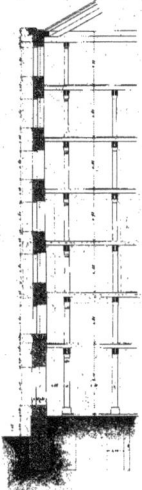

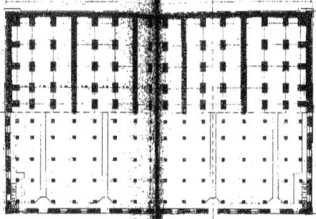

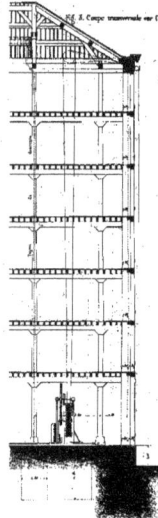

Fig. 4. Élévation sur Seine. (D).

Échelle A. 0m,003 pour 1 mètre.

Échelle B. 0m,005 pour 1 mètre.

E. Gaujot sc.

MAGASIN N° I et III.

ANCRES.

Fig. 2. Ancrage des chaînes sur le mur.

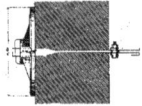

Fig. 3. Ancrage des tirants sur le mur.

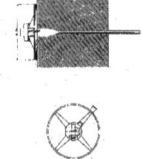

Plan.

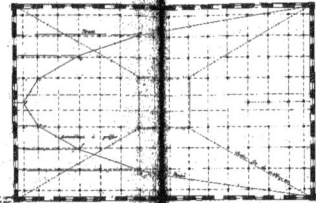

Fig. 1. Elévation montrant par apparaît le ancrage.

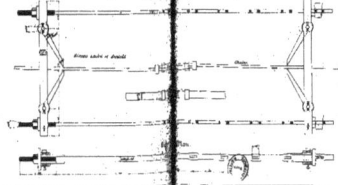

Echelle en Plan avant pour 1 mètre.

Fig. 4. Assemblage des chaînes entre eux et avec les tirants.

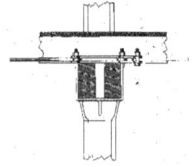

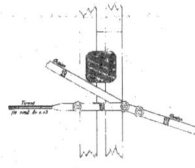

Echelle des détails avant pour 1 mètre.

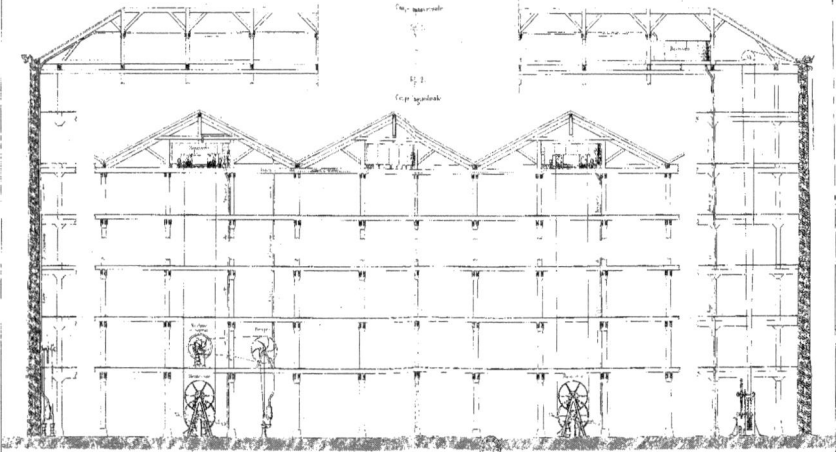

MONTE - CHARGES HYDRAULIQUES.

MAGASIN N° 42.

MONTE-SACS HYDRAULIQUES.

Fig. 1. Élévation.   Fig. 2. Coupe sur AB.   DÉTAILS DE DISTRIBUTION.

                                              Fig. 3. À la montée des fardeaux   Fig. 4. À la descente des fardeaux

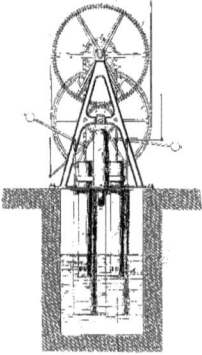 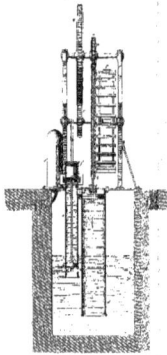 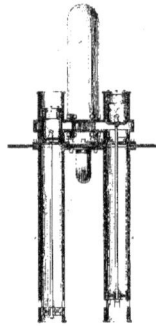 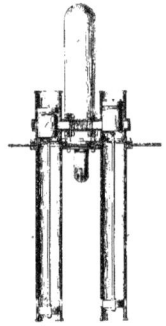

Échelle de 0,02 pour 1 mètre pour l'élévation et la coupe.   Échelle de 0,10 pour 1 m pour les détails.

MÉCANIQUE APPLIQUÉE

PONT TUBULAIRE

Fig. 1. Demi-élévation sur la berge de la rivière.

Fig. 2. Vue d'aval (face Sud).

Fig. 4. Détails. Nomenclature. Coupe des fers extérieurs.

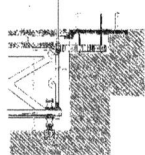

Fig. 3. Plan.

Fig. 7. Plan du couronnement.

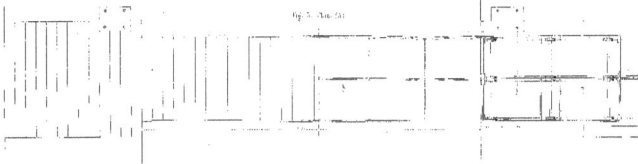

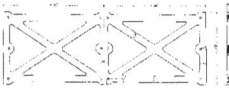

Fig. 6. Coupe suivant les fermes.

Fig. 5. Plaque. Coupe des fermes à l'about de la poutre.

Fig. 8. Bout de la ferme du milieu.

Échelle de 0,005 pour 1 mètre.

Échelle de 0,01 pour 1 mètre.

PASSERELLE ÉTABLIE ENTRE LES MAGASINS N°° I ET II...

Fig. 1. Élévation (A)

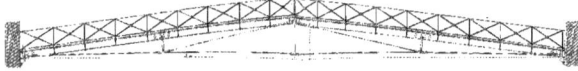

Fig. 2. Plan (A)

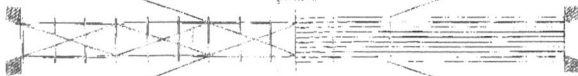

Fig. 3.

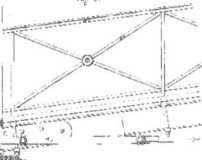

Fig. 4.

Fig. 5.

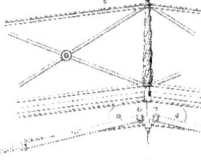

Fig. 6. Coupe transversale (B)

Échelle de 0,01 pour 1 mètre.

Échelle de 0,05 pour 1 mètre.

ÉTUDE D'UN GRAND MAGASIN DOCKS
CONSTRUIT SUR LE QUAI DE LA SEINE (H. D.)

Fig. 1. Élévation sur le quai

Fig. 2. Élévation latérale

Fig. 3. Plan du Rez-de-Chaussée

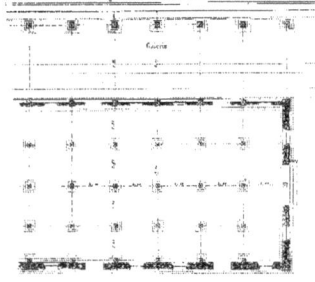

Fig. 4. Coupe transversale

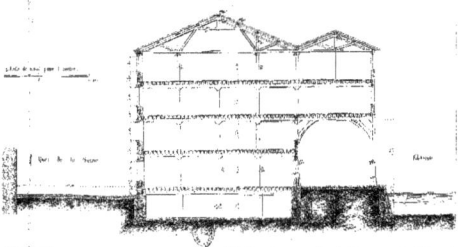

DOCKS ENTREPÔTS DE LA VILLETTE.

PLAN DES BASSIN, MAGASIN ET CHAIX
DU PONT DE FLANDRE.

Échelle de 0,002 pour 1m

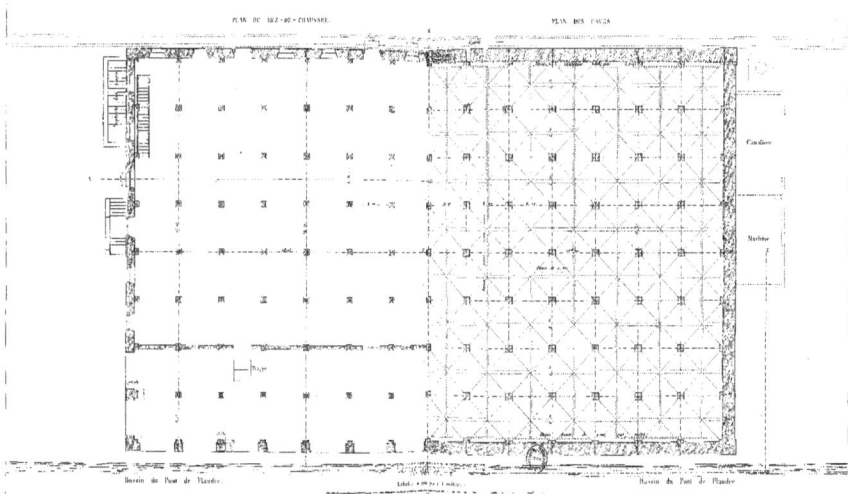

MAGASIN DE PORT DE PLANCHER N°1.

Élévation et Coupe transversales suivant A B C D.

Échelle de 0,002 pour 1 mètre.

MAGASIN DU PONT DE FLANDRE N° 1.

Élévation et Coupe longitudinale suivant ABCD.

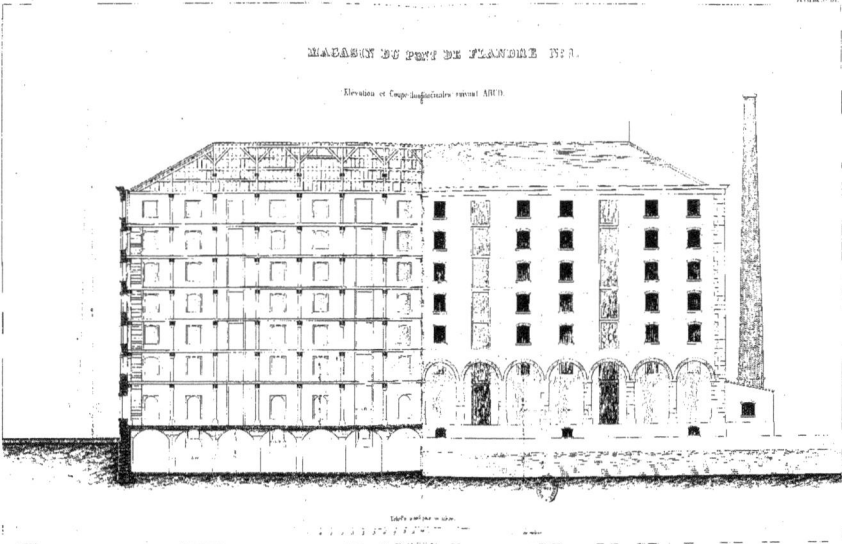

Échelle indiquée en mètres.

MAGASIN DU PONT DE FLANDRE N° 1.
DÉTAILS DES CAVES, DRAINAGE, ÉGOUT.

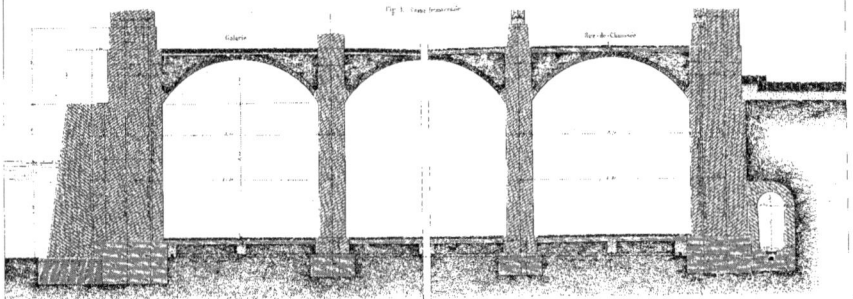

Fig. 1. Coupe transversale.

Galerie   Rez-de-Chaussée

Fig. 3. Drain, Machine et Tuyau collecteur.

Fig. 2. Coupe longitudinale.

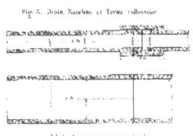

Échelle des coupes 0,20 par 1 mètre.

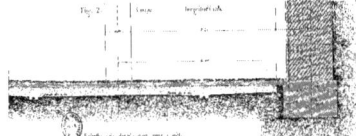

Échelle des détails 0,04 par 1 mètre.

MAGASIN DE PARC DE VIANDE. N°1.

Fig. 1. Coupe suivant AB à une trappe. Fig. 3. (N). Détails des colonnes de la galerie. Fig. 4. Colonne de la galerie (N).

Fig. 2. Plan. (N)

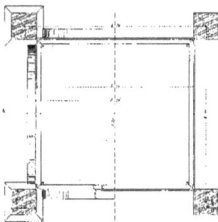

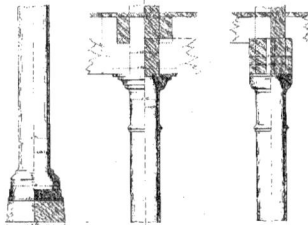

Échelle (N) une pour 1 mètre. Échelle (N) 0,03 pour 1 mètre.

MAGASIN DU PONT DE FLANDRE N° 1.

CAISSES A HUILE.

Fig. 1. Élévation et coupe longitudinales.

Fig. 2. Élévation et coupe transversales.

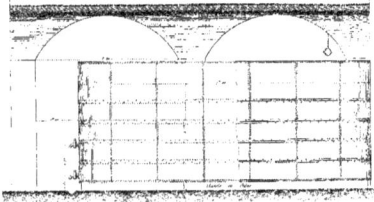

Fig. 3. Vue extérieure du bout avec bec penché.

Fig. 4. Plan d'un angle.

Fig. 5. Tenon supérieur.

Fig. 6. Tenon latéral extérieur.

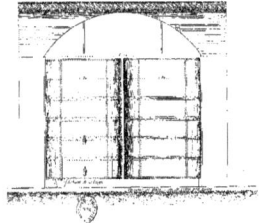

Échelle des élévations et coupes 0,01 p.m 0,50.

Échelle des détails des figures 3 à 6.

CHAUX DU PONT DE FLANDRE (N°1)

PLAN DU REZ-DE-CHAUSSÉE

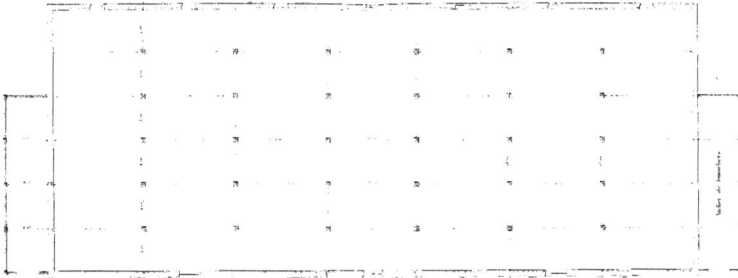

Bassin

PLANS DU PONT DE FLAVIGNY N° 1.

Fig. 1. Élévation sur le bassin, d'après la pose de la chasse.　　Fig. 2. D'avant la pose de la chasse.　　Fig. 3. Coupe transversale.

Fig. 4. Coupe longitudinale.

Échelle de 0,005 par mètre.

www.ingramcontent.com/pod-product-compliance
Lightning Source LLC
Chambersburg PA
CBHW070915280326
41934CB00008B/1730